MINNIE E MARGARIDA SÃO MELHORES AMIGAS E ADORAM VIAJAR JUNTAS!

© Disney

ANTES DE SAIR PARA PASSEAR É IMPORTANTE
NÃO DESCUIDAR DO VISUAL.
A MINNIE ESTÁ LINDA, NÃO É MESMO?

© Disney

UAU! QUANTO ESTILO, MARGARIDA!

OLHA QUEM FOI NA MALA! FÍGARO!

© Disney

OLHA O PASSARINHO!

© Disney

**MICKEY E MINNIE DECIDIRAM FAZER
UM PIQUENIQUE!**

© Disney

MINNIE ENCONTROU UM NOVO AMIGUINHO!

© Disney

**MARGARIDA ENCONTROU PINTINHOS.
OLHA COMO ELES SÃO FOFOS!**

© Disney

MINNIE E MARGARIDA FORAM DAR UM PASSEIO DE BICICLETA.

© Disney

PATETA, CUIDADO COM AS ABELHAS!

© Disney

DONALD, CUIDADO COM OS GRILOS!

© Disney

QUE PIPA MAIS LINDA, MINNIE!

© Disney

MICKEY, AONDE VOCÊ VAI?

© Disney

DEPOIS DE UM DIA CHEIO, UM MOMENTO DE DESCANSO CAI MUITO BEM.

MICKEY TAMBÉM ACHA QUE DESCANSAR SERIA UMA ÓTIMA IDEIA!

ATÉ MAIS, AMIGOS!